초등학생이 읽는 지질학의 첫걸음

La Géologie à Petits Pas
by François Michel and ®OBIN

Copyright © Actes Sud, 2005

Korean translation right © Sakyejul Publishing Ltd., 2006
This edition was published by arrangement with Actes Sud through THE agency, Seoul.

더 에이전시를 통해 Actes Sud와 맺은 독점 계약에 따라 이 책의 한국어판 저작권은 (주)사계절출판사가 소유합니다.
저작권법에 따라 한국 내에서 보호를 받는 저작물이므로 무단 전재와 무단 복제를 금합니다.

■ 우리나라 지형을 예로 든 내용과 괄호 속의 내용은 옮긴이가 새로 쓴 것입니다.

초등학생이 읽는
지질학의 첫걸음

프랑소와 미셸 지음 | 로뱅 그림 | 장순근 옮김

사□계절

| 차례 |

1장 바위로 된 우주

바위로 된 지구 … 8
바위란 무엇일까요? … 10
바위를 이루는 광물 … 12
여러 가지 결정 … 14
바위 속에 있는 화석 … 18

2장 쌓인 것이 굳어서 생기는 퇴적암

흘러내리는 모래 … 24
모래알의 역사 … 28
모래로 된 지형 … 30
모래가 굳어서 된 사암 … 32
물을 먹는 점토 … 34
점토로 된 지형 … 36
석회질로 된 지형 … 38
물과 식초에 약한 석회암 … 40
물과 바위가 만드는 땅 속 세계 … 42
석회암은 어떻게 만들어질까요? … 44
바닷물이 증발할 때 … 46
불에 타는 석탄 … 48
대단한 원유 … 50

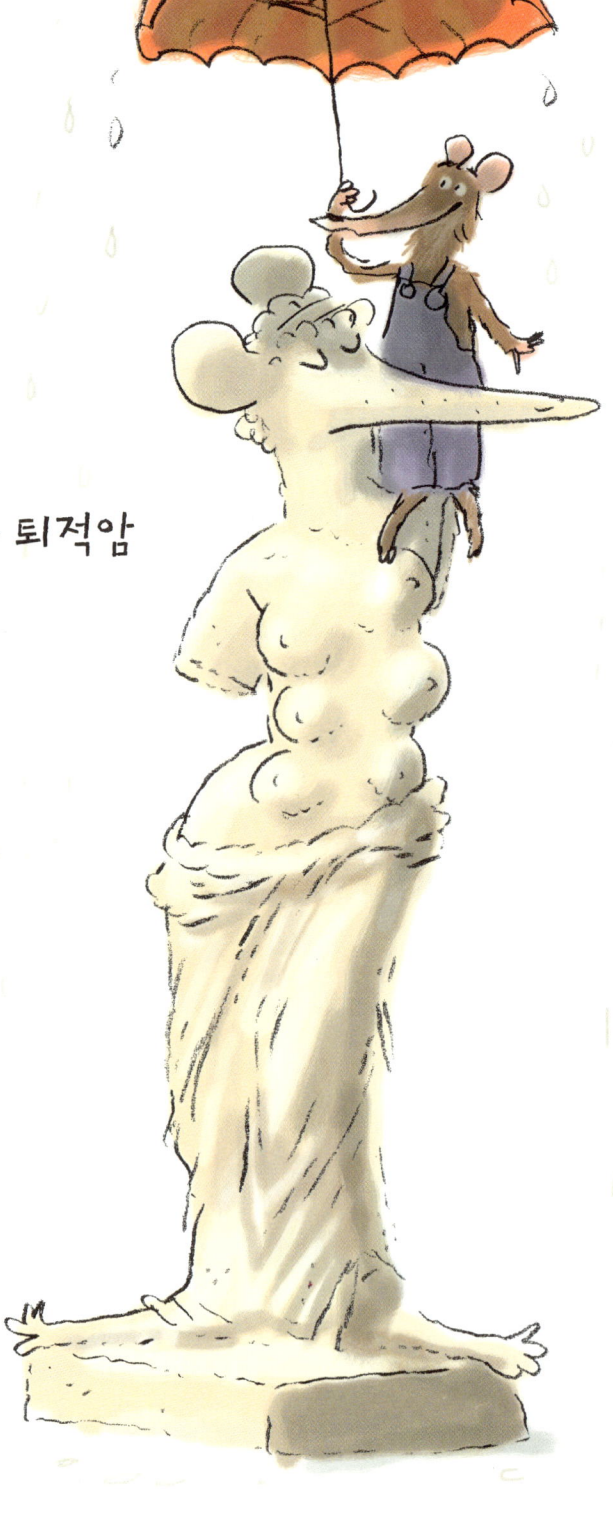

3장 땅 속 깊은 곳에서 생기는 바위들

화산이 폭발할 때 … 54
용암이 굳어서 된 화산암 … 56
화산이 만드는 지형 … 58
아주 단단한 화강암 … 62
화강암으로 된 지형 … 64
열과 압력으로 변한 변성암 … 66
바위의 거대한 순환 … 68
쓸모가 많은 바위 … 70

지질학 퀴즈 … 74
옮긴이의 말 … 79
찾아보기 … 82

1장
바위로 된 우주

바위(암석)는 어디서든 쉽게 볼 수 있습니다. 색깔이 가지각색으로 아름답고,
겉은 광물 알갱이로 반짝거리며, 화석이 들어 있기도 합니다.
이 땅의 모든 풍경은 땅이 움직여서, 또는 물에 깎여서 생겨난 바위들이 만들어 냅니다.
바위는 지구의 껍데기를 이루고 있습니다. 바로 이 바위를 연구하는 학문을
지질학이라고 합니다. 지질학자들은 바위를 통해 지구의 역사를 알아냅니다.

바위로 된 지구

수성이나 금성, 화성처럼 지구는 바위로 된 행성입니다. 지구 표면은 여러 가지 바위들로 이루어져 있어 단단합니다. 태양계의 행성 중에서 태양에서 멀리 떨어진 목성, 토성, 천왕성, 해왕성처럼 커다란 별들은 기체로 이루어져 있습니다. 명왕성은 태양에서 가장 멀리 떨어진 별입니다. 지질학자들은 명왕성이 바위와 얼음으로 되어 있을 것이라고 추측합니다.

지구는 껍질과 살과 씨로 이루어진 과일처럼 지각(껍데기)과 맨틀(살)과 핵(씨)으로 되어 있습니다.

가장 바깥쪽 껍데기인 **지각**은 단단한 바위로 이루어져 있습니다. 지각은 바로 우리가 생활하고 걸어다니는 곳입니다. 지질학자들이 **암석권**이라고 말하는 부분은 지구를 둘러싸고 있는 바위로 된 부분을 뜻합니다. 암석권의 두께는 위치에 따라 수 킬로미터에서 200킬로미터에 이릅니다.

지각 아래 2900킬로미터까지는 **맨틀**입니다. 맨틀은 위치나 깊이, 온도, 압력에 따라 단단하기도 하고 물렁거리기도 합니다. 그리고 맨틀을 이루는 물질들은 1년에 평균 몇 센티미터씩 천천히 움직입니다. 흔히 생각하는 것과 달리, 지구 속이 액체 상태인 바위로만 가득 차 있는 것은 아닙니다. 압력이 너무 커서 액체가 아닌 곳도 있습니다.

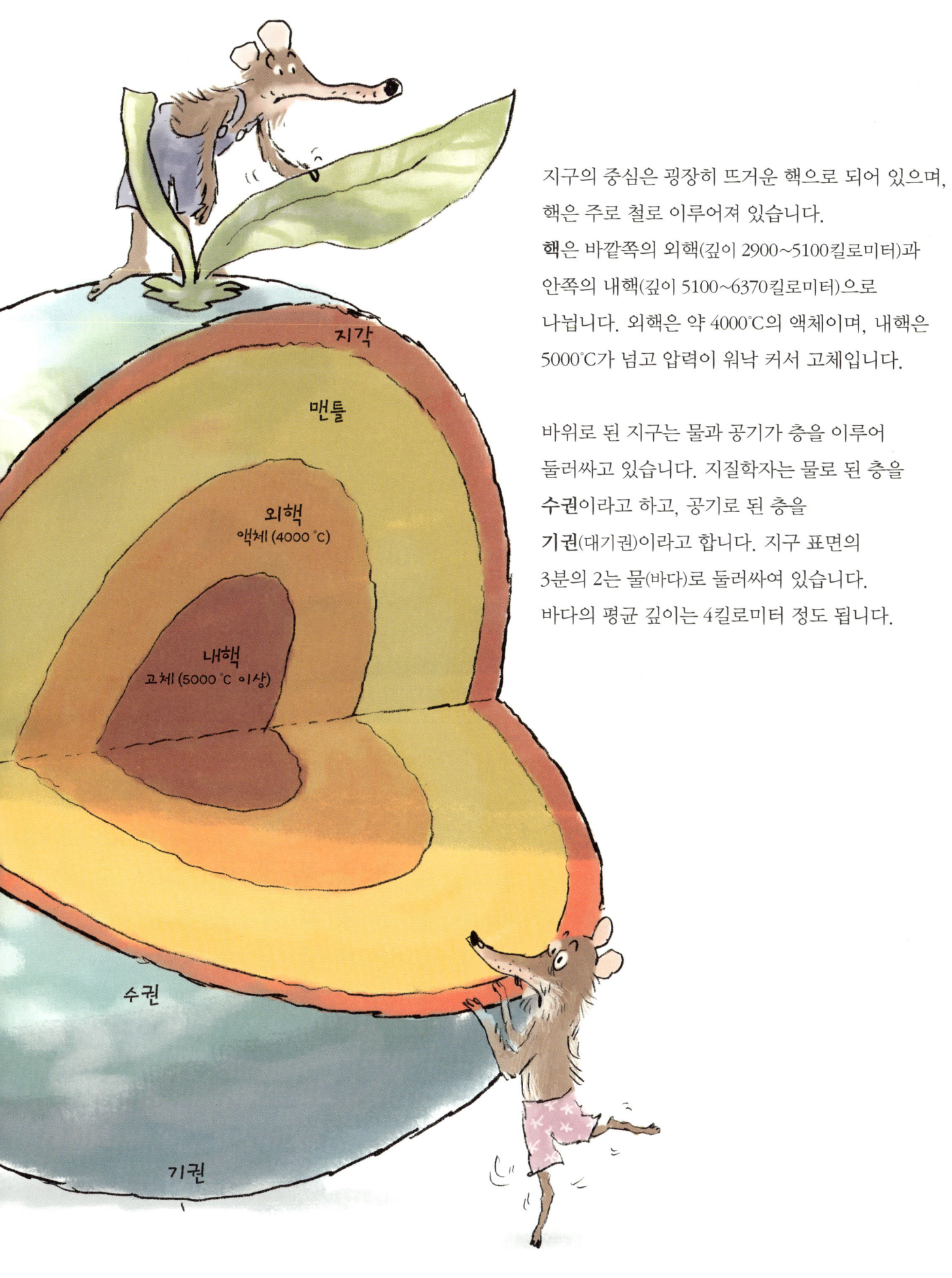

지구의 중심은 굉장히 뜨거운 핵으로 되어 있으며, 핵은 주로 철로 이루어져 있습니다.
핵은 바깥쪽의 외핵(깊이 2900~5100킬로미터)과 안쪽의 내핵(깊이 5100~6370킬로미터)으로 나뉩니다. 외핵은 약 4000°C의 액체이며, 내핵은 5000°C가 넘고 압력이 워낙 커서 고체입니다.

바위로 된 지구는 물과 공기가 층을 이루어 둘러싸고 있습니다. 지질학자는 물로 된 층을 **수권**이라고 하고, 공기로 된 층을 **기권**(대기권)이라고 합니다. 지구 표면의 3분의 2는 물(바다)로 둘러싸여 있습니다. 바다의 평균 깊이는 4킬로미터 정도 됩니다.

바위란 무엇일까요?

지질학자는 화강암, 석회암, 모래, 진흙을 비롯해 지구의 껍데기를 이루는 물질을 통틀어 '바위'라고 합니다. 바위는 보통 딱딱한 고체입니다. 하지만 석유나 활화산에서 흘러나오는 용암처럼 액체인 것도 있습니다. 지구의 껍데기를 이룬다는 점에서 물도 역시 바위라고 할 수 있습니다.

깨지고, 부서지고, 물렁거리는 바위

바위는 화강암이나 대리석처럼 아주 단단한 것도 있지만, 활석이나 백악처럼 쉽게 부스러지는 것도 있습니다. 진흙은 물을 부으면 밀가루 반죽처럼 찰기가 생겨 원하는 모양으로 빚을 수도 있습니다. 그리고 석탄처럼 불이 붙는 바위도 있습니다. 모래 알갱이는 아주 단단해서 유리에 흠을 내기도 하지만, 모래시계 안에서는 물처럼 줄줄 흘러내리기도 합니다.

바위에는 역사가 있다

바위는 오랜 세월을 두고 끊임없이 생겨납니다. 수십억 년 전에 생긴 오래된 바위도 있고, 최근에 화산이 폭발해 생긴 바위도 있습니다. 또 바다가 지금보다 높았을 때 생긴 바위도 있습니다. 지질학자들은 바위 표본을 채집해 바위를 연구합니다. 바위 표본은 바위의 특징을 관찰할 수 있을 만큼 적당히 큰 조각이어야 합니다. 그런 바위 표본을 가지고 여러 가지 실험도 하고, 현미경으로 꼼꼼하게 관찰하기도 합니다.

망치는 지질학자들이 표본을 채집할 때 쓰는 중요한 도구입니다. 나침반으로는 방향을 잡습니다. 클리노미터는 지층의 기울기를 잴 수 있는 기구입니다. 확대경은 바위를 자세히 관찰하거나 화석을 들여다보는 데 씁니다. 이렇게 관찰한 내용을 공책에 적거나 스케치를 하고 더 관찰해야 할 바위를 공책과 지도에 표시합니다. 그러고 나서 그 바위를 조금 깨뜨려서 실험실로 가져가 현미경으로 좀 더 자세히 살펴봅니다.

현미경으로 바위를 관찰하려면?

현미경으로 바위를 보려면, 0.03밀리미터 두께로 얇게 잘라야 합니다. 그러면 광물이 투명해져서 정확히 관찰할 수 있습니다. 그뿐 아니라 광물의 이름도 알아 낼 수 있습니다.

바위를 이루는 광물

바위는 광물로 이루어져 있습니다. 광물은 대개 작은 덩어리, 알갱이, 조각, 먼지처럼 여러 가지 형태로 되어 있습니다. 광물은 맨눈으로 볼 수 있는 것도 있고, 너무 작아서 현미경으로만 볼 수 있는 것도 있습니다. 광물은 그 종류가 아주 많습니다. 지금까지 알려져 있는 것만 약 2400종이나 됩니다.

석회암처럼 한 가지 광물로 된 바위도 있고, 화강암처럼 몇 가지 광물이 결합된 바위도 있습니다.

이산화규소는 약방의 감초!

이산화규소는 여러 바위에 흔하게 들어 있는 물질입니다. 모래알이나 화강암에 많이 들어 있는 석영을 이루는 것도 이산화규소입니다. 이산화규소는 마그마와 용암에도 많으며, 여러 광물을 구성하는 데 있어서 중요한 구실을 합니다.

이봐, 이산화규소를 가져왔어!

대개 광물은 함께 모여 바위를 이룹니다. 이 때 광물이 규칙 있게 결합하고 주위에서 아무 방해를 받지 않으면 석영처럼 반듯하고 아름다운 결정이 됩니다. 그러나 늘 그런 것은 아닙니다.

화강암을 들여다보면 작은 알갱이가 보입니다. 그 알갱이가 바로 광물입니다. 광물의 모양에 규칙이 있다거나 특별하지도 않아서 아름다운 광물을 모으는 사람들은 화강암을 좋아하지 않습니다. 하지만 이 광물도 엄연한 광물입니다.

뭐야? 이것도 결정이야?

아름다운 결정은 결정면(결정의 바깥을 이루는 반듯한 면)과 모서리가 뚜렷합니다. 이러한 결정이 만들어지는 특별한 환경에 대해서는 다음 장에서 설명하겠습니다.

광물이 녹아 있는 물

물에는 석회분 같은 광물 성분이 많이 녹아 있습니다. 강물이나 샘물에 광물 성분이 들어 있더라도 놀랄 필요는 없습니다. '광물염'이라고 하는 이것은 실제로 땅 위를 흐르는 모든 물에 들어 있기 때문입니다. 생수병에 붙은 성분 함량표를 보면 어떤 광물염이 얼마만큼 녹아 있는지 잘 알 수 있습니다. 광물염이 들어 있는 물 중에는 우리가 마실 수 없는 것도 있습니다.

우와, 물 속에 자갈이 있네!

여러 가지 결정

바위는 대부분 결정으로 이루어져 있습니다. 결정은 보통 작고 겹쳐 있어서 관찰하기가 어렵습니다. 게다가 그다지 예쁘지도 않습니다. 하지만 돌에 핀 꽃이라고 해도 좋을 만큼 섬세하고 아름다운 결정도 있습니다. 이러한 결정들은 모두 지질학의 소중한 유산입니다.

아름다운 결정은 대부분 결정면과 모서리가 뚜렷합니다. 또 수정처럼 투명한 것도 있고, 황철석처럼 빛이 통과하지 못하는 것도 있습니다.

육각 기둥 모양의 수정처럼 **큰 결정**은 바위 틈이나 지각 깊은 곳의 틈처럼 특별한 장소에서 생깁니다. 그리고 화산이 폭발할 때나 산맥이 생기면서 땅 속의 압력과 온도가 변할 때 생겨나기도 합니다. 액체가 증발하고 염분만 남았을 때 생기는 결정(소금)도 있습니다.

수정은 모양이 반듯해서 사람이 깎아서 만든 것 같지만 전혀 그렇지 않습니다. 양 끝이 뾰족한 육각 기둥 모양인 수정은 자연 속에서만 만들어집니다. 수정은 아무것도 섞이지 않고, 오로지 이산화규소만으로 되어 있을 때 투명해집니다. 이렇듯 어떤 산화물이 들어 있느냐에 따라 수정의 색깔이 달라집니다. 예를 들어 자수정에는 보라색 철 산화물이 아주 조금 들어 있어 자줏빛을 띱니다.

수정은 반짝거리고 아름다워서 아주 오래 전부터 사람들에게 인기가 많았습니다.
그래서 보석 세공인들은 모양이 좋고 색깔이 예쁜 수정을 구하려고 높은 산과 위험한 골짜기를 헤매고 다녔습니다. 그렇게 찾은 수정으로 반지나 목걸이 같은 장신구를 만들기도 했습니다. 동화에 나오는 마법사가 쓰는 크고 맑은 구슬도 동그랗게 깎은 수정이랍니다.

어려운 말이 많이 나오지요?

이산화규소 : 석영을 이루는 성분으로, 석영 말고 단백석(오팔)을 이루기도 합니다.
석영 : 이산화규소로 된 광물을 가리키며, 독특하고 아름다운 모양으로 나타날 때도 있습니다.
수정 : 석영 결정의 모양이 육각 기둥으로 아주 아름다울 때 따로 부르는 이름입니다.

결정은 흔히 두 개나 그 이상이 함께 붙어서 나옵니다. 두 개가 붙어 나오는 경우에는 **쌍정**이라고 합니다. 창끝 모양을 한 석고 결정 두 개가 붙어서 화살촉 모양의 쌍정이 됩니다.

황철석은 정육면체인데, 결정이 한 개씩 나오거나 겹쳐 나와서 아주 아름답습니다. 색깔이 금처럼 누렇기 때문에 '바보의 황금'이라는 별명이 붙었습니다.

유황 결정은 아주 아름답지만 부스러지기 쉽습니다. 대개 유황 증기가 뿜어 나오는 화산의 분출구 둘레나 화산 증기가 솟아나는 곳에서 만들어집니다.

녹주석은 맑은 회색이나 초록색을 띠며, 길쭉한 육각형입니다. 이 가운데 아름답고 진한 초록색 결정이 바로 에메랄드입니다.

석류석은 대개 빨갛거나 붉은빛이 도는 갈색입니다. 그리고 결정면이 많아서 공처럼 둥그렇습니다. 빨갛고 둥근 석류를 닮아서 석류석이라고 부릅니다.

16

금은 작은 결정으로 나올 때도 있지만, 대개 냇가 모래 속에서 알갱이나 작은 덩어리로 나옵니다. 이런 알갱이 금을 '사금'이라고 합니다. 금은 광물 가운데 무르고 아주 비쌉니다. 금은 석영이 두툼한 맥으로 나오는 석영 맥 속에서 나오며, 모래 속에서도 나옵니다.

다이아몬드는 색깔이 있는 것도 있지만 대개 투명한 탄소 결정입니다. 다이아몬드는 깎아 놓았을 때 비로소 아름다운 모습을 드러냅니다. 남아프리카나 중앙아프리카에 있는 강의 모래 속에서 다이아몬드를 캐낼 수 있습니다.

소금 결정 만들기

물에 소금을 넣은 뒤 그림처럼 조금 곱슬곱슬한 털실을 담가 놓습니다. 한참 놓아 두면 물은 모두 증발하고 털실에 작은 육면체 결정들이 맺히게 됩니다. 확대경으로 들여다보면 아주 예쁜 소금 결정을 볼 수 있습니다.

바위 속에 있는 화석

화석이란 아주 옛날에 살았거나 요즘도 살고 있는 동식물의 뼈대나 껍데기가 돌로 변해서 남은 흔적을 말합니다. 화석 중에는 10억 년 전에 만들어진 것도 있고, 1만 년밖에 되지 않은 것도 있습니다.

화석은 바위 '속'에 있습니다. 그러므로 화석의 주인공은 그 바위가 만들어질 때와 같은 시기에 살았던 생물입니다. 때로는 바다에서 살던 동식물 화석이 육지에서 발견되기도 합니다. 그렇다면 이 화석이 들어 있는 바위는 바다에서 만들어졌다가 지금은 육지로 올라온 것입니다.

화석 연구

화석을 연구하면 지구의 역사가 흘러오는 동안 어떤 시대에 어떤 생물이 살았는지를 알 수 있습니다. 화석이 든 바위의 나이를 알아내고 화석이 된 생물의 특성을 조사합니다. 이처럼 화석이 된 동식물을 연구하는 학문을 '고생물학'이라고 합니다.

어떤 바위에는 화석이 하도 많아서 큰 바위가 온통 화석으로 뒤덮인 경우도 있습니다.

연체동물의 화석은 아주 많이 남아 있습니다. 그도 그럴 것이 연체동물은 살아 있을 때부터 딱딱한 석회질 껍데기를 몸에 두르고 있기 때문입니다. 그 껍데기는 이미 돌이나 다름없습니다. 그러므로 그 동물의 부드러운 몸보다 껍데기가 더 오래 남아 화석이 됩니다.

잊지 마세요! 바위라고 해서 모두 화석이 있는 것은 아닙니다. 화강암이나 용암 속에는 화석이 없습니다. 이런 바위들은 생물이 살 수 없을 정도로 아주 뜨겁거나 깊은 곳에 있는 마그마에서 만들어졌기 때문입니다. 그러나 보기 드물긴 하지만 용암에 덮여 죽은 코뿔소의 화석이 있습니다.

껍데기가 단단한 **성게**는 지층에 화석으로 많이 남아 있습니다. 특별히 백악층(약 1억 4600만 년 전부터 6천 5백만 년 전 사이를 백악기라고 합니다. 이 때 백악을 만든 작은 생물이 많이 퇴적된 지층이 백악층입니다)에서 많이 볼 수 있습니다.

송진이 화석으로 변한 것을 **호박**이라고 합니다. 곤충은 종종 끈적끈적한 송진에 빠져 죽습니다. 송진이 이 상태로 호박이 되면 곤충은 오랜 세월이 지나도 원래 모습을 유지할 수 있습니다.

나무가 화석이 된 경우도 있습니다. 이것을 **규화목**이라고 합니다. 나무가 쓰러져서 땅 속에 묻혀 있을 때 지하수에 있는 이산화규소가 나무에 스며듭니다. 그러면 나무는 굳으면서 돌로 변합니다.

이게 나무라고? 설마!

이 **가리비 화석**은 프랑스의 프로방스 지방에 있는 석회암층에서 나왔습니다. 이 화석의 주인공은 무려 2000만 년 전에 살았습니다.

바위를 현미경으로 들여다보면, 아주 작은 화석들을 많이 찾을 수 있습니다. 이것들은 모두 화석이 된 **미고생물**(물 속에서 살던 작은 생물)이랍니다.

화석을 보호합시다!

프랑스 남동부 프로방스 지방에 있는 루베롱 공원은 지질학 보호구역입니다. 이곳에 있는 바위에는 물고기 화석과 식물 화석이 아주 많기 때문입니다. 이러한 지질 유산들을 보호하기 위해 이 공원에서는 화석을 절대로 캐낼 수 없답니다.

2장
쌓인 것이 굳어서 생기는 퇴적암

강물이 흐를 때 진흙이나 모래, 자갈도 같이 쓸려 내려갑니다.
또한 광물도 물에 녹아서 떠내려가지요. 이렇게 물에 떠내려가는 물질을 통틀어
'퇴적물'이라고 합니다. 물이 빨리 흐를 때에는 퇴적물을 싣고 가는 힘도 아주 셉니다.
떠내려온 물질들은 모두 강가나 바닷가나 바다의 깊은 바닥에 가라앉습니다.
모래, 진흙, 석회질 같은 퇴적물은 쌓이고 쌓여 먼 훗날 바위(퇴적암)가 됩니다.
오늘날 주위에서 볼 수 있는 퇴적암들은 대부분 얕은 바다나 호수에서 만들어졌습니다.

흘러내리는 모래

모래사장에 누워 모래를 쥐었다가 손바닥에 흘려 보세요. 손가락으로 모래 바닥에 그림을 그리거나 모래성을 쌓는 것도 아주 재미있습니다. 모래알은 대개 투명하거나 누르스름하지만 가끔은 검은 것도 있습니다. 모래는 어떻게 생겨난 것일까요?

모든 바위는 작은 알갱이가 엉겨붙어 만들어진 것입니다. 이 알갱이들이 하나씩 풀어져 있거나 떨어질 수 있으면 그것을 모래라고 합니다. 그래서 모래를 **움직이는** 바위라고도 합니다. 모래는 담는 그릇에 따라 모양이 달라집니다. 모래시계에 들어 있는 모래는 물처럼 위에서 아래로 흘러내립니다.

모래에는 맑고 반짝거리며 반쯤 투명한 알갱이들이 많이 섞여 있습니다. 이것이 바로 **석영**입니다. 석영 알갱이는 화강암이나 여러 종류의 바위에 많이 들어 있는데, 아주 단단합니다. 그러니까 안경이나 사진기를 모래밭에 놓지 마세요. 안경알이나 사진기 렌즈가 금세 석영 알갱이에 긁힐 수도 있답니다.

모래를 가까이 들여다보면 하얗거나 붉은빛을 띤 장석 알갱이와 검거나 흰빛을 띠며 반짝거리는 운모 알갱이를 찾을 수 있습니다. 운모가 있으면 모래가 반짝거립니다. 또한 바닷가 모래밭을 돋보기로 들여다보면 잘게 부스러진 조개 껍데기 조각들도 찾을 수 있습니다.

와, 조개 껍데기다!

검은 모래와 흰 모래

석영은 아주 단단하기 때문에 수백만 년이 지나도 없어지지 않습니다. 우리나라를 비롯한 여러 지역의 모래에는 석영이 대부분을 차지합니다. 그러나 석영이 많은 보통 모래와는 아주 다른 모래도 있습니다. 카리브 해의 앤틸리스 제도나 인도양의 레위니옹 섬 주변 바닷가에 있는 검은 모래는 화산암 알갱이로 되어 있습니다. 태평양의 몇몇 섬에 있는 하얀 모래는 부스러진 산호 조각입니다. 산호 조각으로 된 모래는 시간이 지나면 점점 깎이고 닳아서 없어집니다.

모래를 모으는 사람들도 많습니다. 그런 사람들은 모래를 여행 기념품으로 가져옵니다. 작은 유리병에 모래를 담아서 모아 놓으면 알갱이의 크기나 색깔이 모두 다르다는 것을 알 수 있습니다.

모래알 사이에는 물이 스며들 수 있는 작은 틈이 있습니다. 이런 틈을 **공극**이라고 합니다. 모래에 물을 부으면 공극이 메워져서 서로 엉겨붙습니다. 그러면 솜씨를 내서 모래성을 쌓을 수도 있습니다. 하지만 물이 너무 많으면 안 됩니다.

물은 모래 속을 지나 흘러갑니다. 그래서 모래를 **투수성**(물이 스며드는 성질) **바위**라고 합니다. 모래의 이런 성질은 좋은 필터 구실을 하기도 합니다. 이를테면 물이 모래를 통과하면 물은 빠져 나가지만 물 속에 남아 있는 염분은 모래에 그대로 남게 됩니다. 생수를 만드는 공장에서도 이런 성질을 이용해 물을 깨끗이 걸러 냅니다.

강이나 골짜기에 있는 두터운 모래층에는 물이 많이 들어 있습니다. 그 가운데 일부를 뽑아 걸러 내면 마실 수 있는 물이 됩니다.

석영이 아주 많이 들어 있는 모래는 유리를 만드는 재료로 쓰이기도 합니다. 이런 모래를 약 1500℃로 녹여 유리를 만드는 것입니다. 프랑스 퐁텐블로의 모래는 세계에서 유명합니다. 그 곳의 모래는 99퍼센트 이상이 석영으로 이루어져 있습니다.

금과 모래

모래 속에서 금 알갱이를 발견할 수도 있습니다. 둥근 체에 모래를 담아 물 속에 넣고 살살 흔들어 보세요. 그러면 모래는 떠내려가고 무거운 금 알갱이가 체에 남습니다. 금이 들어 있다면 말이지요! 처음부터 당장 금을 찾겠다고 욕심내지 마세요. 어떤 모래에는 다이아몬드가 들어 있기도 합니다!

모래알의 역사

모래 알갱이와 석영 알갱이는 엄청나게 많습니다. 이것들은 모두 어디에서 왔을까요? 모래알은 대륙 표면에 있는 화강암이 부스러져서 생긴 것입니다. 화강암이 있는 산, 골짜기, 바닷가에서 모래알의 역사가 시작됩니다.

화강암은 석영, 장석, 운모로 된 바위입니다. 지구 표면에 있는 화강암은 시간이 지나면서 바람과 빗물에 깎여 나갑니다. 그리고 야금야금 부스러져 알갱이가 떨어져 나옵니다. 약한 장석과 운모 조각들은 더 빨리 부스러져 진흙이 됩니다. 하지만 석영 알갱이는 아주 단단해서 온전하게 하나하나 떨어져 나오며, 주로 사암 같은 바위에서 떨어져 나옵니다.

바위에서 떨어져 나온 작은 알갱이들은 냇물이나 강물에 떠내려갑니다. 알갱이의 크기와 무게에 따라 바닥에 가라앉기도 하고 계속 떠내려가기도 합니다. 자갈은 물살이 아주 센 곳이라야 떠내려가지만 모래와 진흙은 물살이 조금 더딘 곳에서도 잘 떠내려갑니다. 하지만 모래와 진흙은 무게가 다르기 때문에 같은 빠르기로 떠내려가지 않고 자연스럽게 나누어집니다.

땅 위를 흐르는 빗물이나 작은 도랑물, 세찬 소나기가 내리는 곳, 물살이 센 강물에서는 모래와 진흙이 섞여서 함께 흘러갑니다.

강물이 잔잔해지면, 강바닥과 가장자리에 모래가 가라앉아 모래층을 이룹니다. 하지만 진흙은 계속해서 떠내려갑니다. 물살이 빨라지면 모래도 다시 떠내려가서 새로운 층을 만듭니다.

모래는 수백, 수천 년 동안 강물의 흐름을 따라 조금씩 떠내려가다 바다에 이르면 가라앉습니다. 그렇게 모래는 진흙 같은 다른 퇴적물과 함께 쌓이면서 바다 어귀에 평탄한 지대를 이룹니다. 이것을 '삼각주'라고 합니다. 또 모래는 바닷물의 흐름을 따라 바닷가에 쌓여 모래사장이 되기도 합니다. 우리나라 동해안은 깨끗하고 넓은 모래사장이 많아서 해수욕을 즐기기에 좋습니다. 이 모래는 주로 태백산맥 동쪽의 산에서부터 떠내려온 것입니다.

진흙은 물이 조금만 출렁거려도 부옇게 일어납니다. 그러다가 물에 떠내려가 바다에까지 이르게 됩니다. 진흙은 대부분 바닷가에서 멀리 떨어진 깊은 바닷속에 가라앉습니다.

모래로 된 지형

모래는 어떤 지형을 만들까요? 강에 가면 모래 둑이 있고, 바닷가에는 모래사장이나 모래언덕이 펼쳐져 있습니다. 그리고 아프리카의 사하라 사막은 육지에 있는 '모래의 바다'입니다. 이처럼 모래는 아주 다양한 풍경을 만들어 낸답니다.

물을 따라서

프랑스의 르와르 강은 강물에 실려 온 모래가 쌓여서 만들어진 모래사장으로 이름난 곳입니다. 거기 있는 모래는 대부분 르와르 강이 시작되는 중부 고원지대의 화강암에서 깎여 내려온 것입니다.
이 모래사장에는 '움직이는 모래(유사)'도 있습니다. 그 모래는 물을 가득 머금고 있어서 사람이 올라서면 쑥 빠져 들어간답니다.

바닷가에서

바닷가 모래사장은 강물에 실려 온 모래가 바닷물의 흐름에 떠밀려서 쌓인 것입니다. 바다 쪽으로 불쑥 튀어나온 바위들이 물의 흐름을 막으면 바위 사이의 오목한 장소에 모래가 쌓여 모래사장이 됩니다.
그러나 오늘날 모래사장이 해마다 조금씩 사라지고 있습니다. 그 이유는 기후가 따뜻해져서 남극의 빙산이 녹아 내리는 데다, 따뜻해진 바닷물의 부피가 팽창해 해수면이 높아지기 때문입니다.

바람을 따라서

마른 모래가 펼쳐진 바닷가에 바람이 세게 불면, 모래는 더 먼 곳으로 날아가 쌓입니다. 그렇게 해서 모래언덕이 바닷가 안쪽에 생깁니다. 모래언덕 중에는 바람을 따라 육지 쪽으로 천천히 옮겨 가는 것도 있습니다. 프랑스의 필라 모래언덕처럼 말입니다. 그 모래언덕의 높이는 114미터로, 유럽에서 가장 높습니다. 우리나라 서해안의 신두리사구도 바람에 날려온 모래가 쌓인 것입니다.

프랑스 에르메농빌의 '모래 바다'와 퐁텐블로 숲은 널따란 땅이 모두 모래로 덮여 있습니다. 이 모래땅은 약 3000만 년 전 파리가 바다에 잠겨 있을 때 생겼다가 솟아올라서 육지가 된 것입니다.

엄청나게 넓은 사하라 사막도 모래로 덮여 있습니다. 그 곳에는 초승달처럼 생긴 모래언덕들이 골고루 흩어져 있습니다. 게다가 모두 같은 방향을 보고 있는 것으로 유명합니다. 5000년 전에 사하라 지역은 사막이 아니라 호수였습니다. 그 때 물에 실려 온 모래가 호수 바닥에 쌓여서 지금 넓은 모래땅이 된 것입니다.

모래가 굳어서 된 사암

모래 사이로 흐르는 물은 시멘트처럼 모래알을 서로 엉겨붙게 만듭니다. 그러면 모래는 아주 단단한 바위가 되어 여러 가지 풍경을 만들어 냅니다. 이렇게 모래가 단단히 굳어서 만들어진 바위를 '사암'이라고 합니다. 사암층이 깎이면 모래가 생기고, 모래는 다시 뭉쳐서 바위(사암)가 됩니다.

사암을 보면 줄무늬가 여러 개 엇갈려 있습니다. 이것은 모래가 물에 떠내려왔거나 바람에 날려 층층이 쌓인 흔적입니다. 이 줄무늬를 보면 이 바위가 주로 물이나 바람에 실려 쌓였다는 것을 알 수 있습니다.

이게 모래라고?

빡, 빡!

푸딩처럼 생긴 **역암**은 주로 모래와 자갈로 된 바위입니다. 그러므로 역암은 자연이 만든 콘크리트라 할 수 있겠지요. 자갈 사이사이를 모래나 진흙, 탄산칼슘이 채워 준답니다. 그래서 서로 단단하게 붙어 있습니다.

신기한 사암 계곡

미국의 모뉴먼트 밸리에는 붉은 평원 곳곳에 탑이나 바늘 모양으로 깎인 사암들이 우뚝 솟아 있습니다. 신기하고도 아름다운 이 곳의 풍경은 서부영화에도 자주 등장합니다.

울긋불긋 사암들

붉은색, 주황색, 갈색, 누런색……. 사암의 색깔은 아주 다채롭습니다. 주로 모래알을 결합시키는 철의 산화물(산소와 결합해서 생기는 물질)에 따라 사암의 색깔이 달라집니다. 붉은 사암으로 이름난 프랑스의 보즈 지역에는 수많은 채석장이 있습니다. 여기서 채취한 사암은 건물을 짓는 재료로 많이 쓰입니다. 프랑스 알자스 주에 있는 스트라스부르 대성당과 오쾨니스부르 성도 보즈 지역의 사암을 가져다가 지은 것입니다.

물을 먹는 점토

점토(진흙 또는 찰흙)는 바짝 마르면 단단해지고 물에 젖으면 말랑거리는 아주 신기한 바위입니다. 그래서 점토는 쓰임새가 아주 많습니다. 벽돌이나 기와 또는 그릇을 만들 때에도 점토를 사용합니다. 점토에 석회 성분이 조금 섞인 것은 이회토라고 합니다.

신기한 점토

점토는 아주 작은 알갱이로 이루어져 있습니다. 점토가 마르면 단단해지며 부스러지기도 합니다. 게다가 아주 무르기 때문에 손톱으로 금을 그을 수도 있습니다. 그렇게 긁으면 가루가 떨어집니다. 얇은 점토 조각을 손가락으로 세게 누르면 '딱!' 하고 깨집니다. 그 중 작은 조각 하나에 물을 한 방울 떨어뜨려 보세요. 점토가 금세 물을 빨아들입니다.

점토가 물을 빨아들이면 부피가 늘어나고 말랑거립니다. 이 흙을 얇게 펴서 그릇을 만들 수도 있습니다. 점토는 어떤 모양으로 빚었다가 금방 다른 모양으로 바꿀 수도 있습니다. 이렇게 모양을 바꿀 수 있는 성질을 '가소성'이라고 합니다.

벽돌이나 기와, 그릇을 만들려면 먼저 점토를 원하는 모양으로 빚어서 말립니다. 그런 다음 가마에 넣고 약 1200℃로 구우면 아주 단단해져서 더 이상 점토가 아닌, 돌(높은 열에도 변하지 않고 견딜 수 있습니다)이 됩니다. 이제는 예전 상태로 되돌아갈 수 없기 때문에 물에 적셔도 말랑말랑해지지 않습니다.

점토는 한번 물에 젖으면, 더 이상 물을 빨아들이지 않습니다. 이 상태에서는 땅 속에서도 물이 점토층을 통과하지 못합니다. 이러한 성질을 '불투수성'이라고 합니다.

진흙으로 된 바닥이 마르면, 규칙이 없는 다각형 선을 그리며 쩍쩍 갈라집니다. 이런 현장은 물이 증발하면서 진흙이 쪼그라들기 때문에 생깁니다.

점토로 된 지형

점토로 된 퇴적층은 땅 위에서 흔히 볼 수 있습니다. 하지만 그리 아름답고 화려한 지형을 만들어 내지는 못합니다. 그리고 물은 점토층을 빠져 나가지 못합니다. 그래서 보통 넓은 평지나 습한 지역에는 땅 속에 점토층이 있습니다.

프랑스 브레스 지방의 동브 마을은 땅이 진흙과 이회질로 이루어져 있습니다. 물이 통과하지 못하는 이 땅 위에는 수백 년에 걸쳐 많은 연못이 생겨났습니다.

진흙이나 이회질로 이루어진 지역은 물에 쉽게 깎여서, 작은 골짜기를 수없이 만들어 냅니다. 어떤 골짜기는 부서진 집처럼 보이는 것도 있습니다. 프랑스 오트알프스 지방에 있는 '검은 흙 마을'처럼 말입니다.

노르망디 해안의 도빌과 까부르 사이에 있는 바쉬느와르 절벽은 바닷가가 침식되면서 만들어졌습니다. 높이가 무려 100미터나 되는 굉장한 지형입니다.

점토가 많은 지역은 건물의 무게 때문에 지형이 바뀔 수도 있습니다. 그래서 그 위에 지은 건물은 피사의 사탑처럼 기울어질 수도 있습니다. 이탈리아 사람들은 그 탑이 쓰러지는 것을 막으려고 아래에 콘크리트를 채워 토대를 바로잡았습니다.

프랑스의 플랑드르 지방에서는 옛날부터 진흙으로 건물을 지었습니다. 그 가운데서도 플랑드르 지방의 중심 도시인 릴에서 진흙 건물을 흔히 볼 수 있습니다. 우리나라도 옛날에 집을 지을 때 진흙에 짚 따위를 섞어 흙벽돌을 만들었습니다.

석회질로 된 지형

석회질 지역은 프랑스나 남부 유럽에서 흔히 볼 수 있습니다. 물에 쉽게 녹고 깎이기 때문에 아주 좁고 수직으로 깊이 파인 골짜기를 따라 강물이 흐르고 있다면 그곳은 대개 석회질 지역입니다.

협곡

남부 프랑스에 있는 베르동 강과 아르데슈 강, 탄 강에 가면 여름마다 전 세계의 많은 관광객을 끌어모으는 굉장한 협곡을 볼 수 있습니다. 우리나라에서도 아름다운 협곡을 볼 수 있습니다. 동강 상류에 있는 어라연 계곡은 아름답고 신비로움으로 가득 찬 협곡입니다.

베르동 강의 절벽은 매우 높고 깎아지른 듯이 가파릅니다. 세계에서 유명한 이 절벽으로 해마다 전 세계의 용감한 등산가들이 몰려든답니다.

아르데슈의 발롱퐁다르크 지방에서는 강이 아주 특이한 모양으로 구불거리며 흘러갑니다. 물이 흘러가는 힘으로 절벽을 조금씩 파고 깎아 놀라운 모양의 아치를 만들었습니다. 지금은 그 아래로 물이 곧장 흘러갑니다. 옛날에 구불거리던 흔적이 아직까지도 남아 있습니다.

백악 절벽

노르망디 코 지방의 바닷가에는 파도가 깎아 만든 백악 절벽이 있습니다. 에트르타에서는 파도가 아치 두 개와 뾰족한 바늘바위 하나를 깎아 놓았습니다.

산협

프랑스의 시스테롱이라는 마을에는 산이 솟아오르면서 수직의 석회질 지층이 생겼습니다. 이 지층이 뒤랑스 강을 막자, 강은 지층을 가로질러 깊게 깎아 물길을 냈습니다. 이러한 지형을 '산협'이라고 합니다.

물과 식초에 약한 석회암

석회암은 여러 지역에서 흔히 볼 수 있습니다. 몇 가지 특징으로 석회암인지 아닌지 구별할 수 있는데, 그 가운데 하나가 석회암은 산성과 반응한다는 점입니다. 석회암을 만드는 광물은 방해석입니다.

석회암 표본에 산이나 식초를 몇 방울 떨어뜨리면 곧 거품이 부글거리며 일어납니다. 이러한 현상을 **반응**이라고 합니다. 이 방법을 쓰면 석회암인지 아닌지 알 수 있습니다. 어떤 돌이든지 이 실험에 반응하면 석회암이거나 석회 성분이 들어 있다는 뜻입니다. 화강암이나 진흙이라면 산이나 식초를 떨어뜨려도 아무런 반응이 나타나지 않습니다.

석회암은 종류에 따라 단단한 정도가 크게 다릅니다. 백악은 아주 무르기 때문에 손톱에도 쉽게 긁힙니다. 하지만 프랑스 부르고뉴 지방의 석회암은 대리석만큼 단단해서 겉을 윤이 나게 다듬을 수도 있습니다.

석회암과 물

석회암은 물에 약합니다. 무르고 부스러지기 쉬운 석회암에는 작은 구멍이 많아서 물이 그 속으로 파고 들어갑니다. 그러나 단단한 석회암에는 물이 파고들지 못합니다. 순수한 물은 석회암에 아무런 영향도 끼치지 않지만, 산성을 약하게 띠고 있는 자연 상태의 물은 석회암을 녹입니다. 그러므로 석회암은 물에 녹는 바위라고 할 수 있습니다. 이렇게 땅 속의 석회암이 녹아서 빈 공간이 생기면 수직 동굴이나 수평 동굴이 만들어집니다.

열도 석회암을 변형시킵니다. 약 1000℃에서 석회암을 구우면 **생석회**라는 새로운 물질이 만들어집니다. 또한 석회암에다 진흙 20퍼센트를 섞어 가마에서 구우면 시멘트가 됩니다.

석회암의 색깔은 다양합니다. 하지만 대부분은 하얗거나 옅은 회색입니다. 검은 석회암도 있는데, 그 안에 들어 있는 유기물의 색깔 때문입니다. 검은 석회암을 깨뜨리면 이상한 냄새가 나기도 합니다.

물과 바위가 만드는 땅 속 세계

물은 땅 속 깊은 곳에 있는 석회암의 작은 틈으로 스며들어갑니다. 그리고 조금씩 석회암을 녹입니다. 오랜 세월이 지나면 바위의 틈이 넓어지고 물도 더 많이 흘러듭니다. 그러다가 마침내 큰 통로가 생깁니다. 동굴과 카르스트 지형은 이렇게 만들어집니다.

수직 동굴은 천장의 한 부분이 무너져 내려 생긴 것입니다. 그 속에 들어가면 하늘이 보입니다.

물이 석회암의 갈라진 틈을 따라 흐르면서 바위를 녹입니다. 시간이 지나면 그 틈이 점점 넓어져서 **수평 동굴**(회랑)이 됩니다.

물에 녹은 석회암 성분이 쌓이면 돌처럼 굳어서 덩어리가 됩니다. 시간이 지날수록 그 위에 석회암 성분이 덧씌워져서 덩어리가 커집니다. 동굴의 천장에서 고드름처럼 내려오는 덩어리를 **종유석**, 바닥에서 올라오는 것을 **석순**이라고 합니다. 그리고 벽에 생기는 것은 **휘장**이라고 합니다.

땅 속에 있는 물은 낮은 곳으로 모입니다. 물이 많아지면 **지하 강**이 되어 흘러갑니다. 강물은 계절에 따라 붇기도 하고 가물기도 합니다.

땅 위에서는 작은 틈을 따라 흐르는 물에 석회암이
녹아, 꽤 깊고 특이한 모양의 개울이 되기도 합니다.

얇은 이암층이 있는 석회암이 녹으면서
오목하게 파여 웅덩이가 생기는데,
이것을 **돌리네**라고 합니다.

석주는 동굴 속에 생긴
돌기둥입니다. 동굴 천장에서
만들어져서 내려오는 종유석과
아래에서 올라가는 석순이 서로
연결된 것입니다. 대개 종유석이
석순보다 빨리 자라며 더
가느다랗습니다.

물의 흐름을 거슬러 석회 성분이 쌓이면
작은 둑이 생깁니다. 이 둑에 물이 고여
지하 호수가 만들어지기도 합니다.

땅 속에서 물이 S자
모양으로 흘러가는 것을
사이펀이라고 합니다.

석회동굴을 흐르는 지하수는
다시 땅 위로 나오며, 물의
양은 때에 따라 다릅니다.

석회암은 어떻게 만들어질까요?

석회암은 여기저기에서 생겨나기도 하고 사라지기도 합니다. 어떤 지역에서는 석회암이 침식되고 물에 녹아서 없어집니다. 하지만 바다에서는 새로운 석회암이 생겨납니다. 이렇게 석회암은 지구 표면에서 일어나는 커다란 순환 법칙을 따릅니다.

대륙의 표면에서는 약한 산성인 물이 석회암을 녹이고 깎아 냅니다.

강과 냇물은 물 속에 녹아 있는 석회질 성분을 바다로 운반합니다.

깊은 바다의 바닥에는 석회질 성분으로 된 진흙이 있습니다. 그 속에는 눈에 보이지 않을 정도로 아주 작은 동물플랑크톤이나 식물플랑크톤의 껍데기들이 많습니다.

수많은 바다 생물들은 석회질 성분을 이용해서 껍데기나 뼈 같은 몸의 일부분을 만듭니다. 굴처럼 껍데기가 두꺼운 연체동물이 좋은 예입니다. 그런 동물들이 죽으면 껍데기는 바닥에 가라앉아 새로운 석회암층을 이룹니다.

석회암에는 대개 화석이 많습니다.
그 가운데서도 조개 같은
연체동물의 화석이 아주 많습니다.
이 화석들은 맨눈이나 현미경으로
관찰할 수 있습니다. 그 껍데기들이
쌓여 바위의 일부분을
이룹니다(18~19쪽을 보세요).

강원도의 석회암 화석

우리나라 강원도의 영월과 삼척은 석회암이 많은 지역입니다. 이곳은 원래 따뜻하고 얕은 바다였기 때문에 석회 성분이 많이 쌓인 것입니다. 그 때 바다 밑바닥에는 방추충이라는 동물이 많이 살았습니다. 이 동물은 세포가 한 개뿐이고 크기는 쌀알 크기부터 팥알 크기까지 다양합니다. 지금은 땅이 된 그 지역에서 예전에 살던 방추충의 화석이 나온답니다.

석회암층은 보통 바다에서 만들어집니다. 그러나 가끔은 큰 호수에서도 생깁니다.

산호는 석회질로 껍데기를 만드는 동물입니다. 산호는 다른 산호에 붙어서 자라나기 때문에 나중에는 아주 큰 석회질 덩어리가 됩니다. 오스트레일리아 동쪽에 있는 그레이트 베리어 리프('거대한 산호초 울타리'라는 뜻)는 길이가 2000킬로미터나 됩니다.

바닷물이 증발할 때

바닷물을 가두어 놓고 수분을 증발시키면 소금이 남습니다. 이것이 바로 염전의 원리입니다. 밀물과 썰물이 드나드는 간석지나 육지에 갇힌 바다에서는 바닷물의 증발이 더 많이 일어납니다. 이런 지역에 석고층이나 암염층이 생깁니다.

석고는 바닷물이 증발해서 생깁니다. 대개 투명하거나 하얗습니다. 구우면 소석고가 됩니다. 팔을 다쳐 병원에 가면 깁스를 하는데, 그게 바로 소석고를 사용한 것입니다.

팔레스타인과 요르단에 걸쳐 있는 사해(죽은 바다라는 뜻)는 육지에 갇힌 바다입니다. 그 곳은 증발량이 많아서 물이 아주 짭니다. 그래서 어떤 생물도 살 수가 없습니다.

염전은 아무 곳에나 만들 수 없습니다. 비가 적게 오고 햇볕이 많이 내리쬐는 곳이라야 합니다. 그리고 밀물과 썰물의 차가 큰 곳이 좋습니다. 우리나라는 서해안에 염전이 많이 있었습니다. 소금을 만들려면 먼저 바닷물을 염전으로 끌어들입니다. 그리고 햇볕을 쪼이고 바람에 말려서 수분을 증발시킵니다.

석고를 120°C로 몇 분 동안 가열하면 소석고가 됩니다. 이 실험은 시험관만 있으면 간단히 할 수 있습니다. 시험관 위로 수증기가 올라오는 것이 보이고, 타닥타닥 소리를 내며 석고가 하얗게 변하기 시작합니다. 몇 분 뒤 석고는 시험관 바닥에 하얀 소석고로 변해 있습니다.

석고는 여러 가지 모양으로 나옵니다. 작은 석고 결정들이 모여서 만들어진 설탕석고는 설탕의 생김새를 닮아 그런 이름이 붙었습니다.

창끝석고는 석고 결정 두 개가 붙은 것인데, 마치 화살촉처럼 생겼습니다.

모래 속에 장미가 있어요!

모래장미는 모래로 이루어진 것이 아닙니다. 모래장미는 얇은 석고 결정 몇 개가 꽃잎처럼 포개진 것입니다. 비가 오지 않아 바짝 마른 사막의 강바닥 같은 곳에 석고가 만들어질 때 이런 모래장미가 생겨납니다.

불에 타는 석탄

석탄은 탄소로 된 검은 돌입니다.
석탄은 태우면 열을 내는 에너지원입니다.
석탄에는 지구의 역사를 말해 주는 화석이
많이 들어 있습니다.

석탄이 만들어지려면 먼저 일정한 시기를 두고
반복해서 물에 덮이는 늪지대가 있어야 합니다.
그리고 그 곳에 숲의 잔해나 나무 동체,
나뭇가지, 잎 따위가 많이 쌓여야 합니다.
이러한 잔해들은 차츰차츰 진흙에 덮여
공기가 닿지 않은 채 천천히 썩어 갑니다.
그 곳에 다시 숲이 생겨나고 이런 일이
수없이 되풀이되면 비로소 두꺼운 석탄층이
만들어집니다. 대부분의 석탄층은 약 3억 년
전에 생겼으며, 이 시기를
'석탄기'라고 합니다.

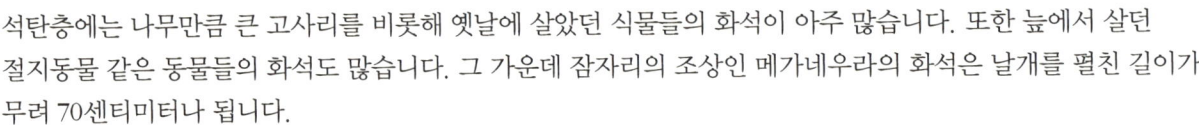

석탄층에는 나무만큼 큰 고사리를 비롯해 옛날에 살았던 식물들의 화석이 아주 많습니다. 또한 늪에서 살던 절지동물 같은 동물들의 화석도 많습니다. 그 가운데 잠자리의 조상인 메가네우라의 화석은 날개를 펼친 길이가 무려 70센티미터나 됩니다.

인간은 오래 전부터 석탄을 연료로 이용해 왔지만, 처음에는 사용량이 많지 않았습니다. 18세기 중엽 산업혁명이 일어난 뒤부터 석탄의 사용이 크게 늘어났습니다. 이후 석유와 천연가스가 나오자 석탄의 사용량이 점점 줄어들기 시작했습니다. 지금은 대부분의 광산이 문을 닫았고 석탄을 캐내기 위해 깨뜨려 낸 폐석 더미만 남았습니다.

대단한 원유

'검은 황금'이라고 불리는 원유는 불이 붙는 액체 상태의 돌입니다. 원유를 정제하면 휘발유, 경유, 등유 같은 여러 종류의 기름이 만들어집니다. 이것은 자동차나 배, 비행기의 연료로 쓰입니다.

원유는 산소가 거의 없는 바다 밑바닥에 쌓인 플랑크톤이 변해서 생깁니다. 플랑크톤은 알갱이가 아주 작은 진흙층에 묻혀 천천히 원유로 변합니다. 원유가 생기는 이러한 지층을 **모암**이라고 합니다.

시간이 흐르면 원유가 들어 있는 지층 위에 다른 지층이 쌓입니다. 그러면 액체인 원유는 지층의 빈 틈으로 천천히 스며 올라갑니다. 원유는 이렇게 옮겨 가다가 스며들 수 없는 불투수층을 만나면 흐름을 멈춥니다. 이렇게 원유를 품게 된 바위를 **저류암**이라고 합니다.

원유는 저절로 솟아오르기도 하지만, 대개는 펌프로 끌어올려야 합니다. 땅 속 깊은 곳의 지층까지 굴착기로 파고 들어가야 하는데, 이때 굴착탑에서 여러 가지 장비들을 조정합니다.

해상 굴착 플랫폼은 바다에 있는 원유도 뽑아올릴 수 있습니다. 실제로 원유는 '바다에 있는' 것이 아니라, 바다 밑바닥을 이루고 있는 바위에 들어 있기 때문입니다.

세계의 석유 생산

중동, 미국, 베네수엘라, 알제리, 사하라 사막처럼 특별히 원유가 많이 묻혀 있는 곳이 있습니다. 그러나 원유는 파낸다고 끝없이 나오는 게 아닙니다. 게다가 원유나 석탄을 태우면 이산화탄소가 나와서 지구가 점점 더워집니다. 그러므로 하루빨리 원유를 대신할 수 있는 다른 에너지를 찾아야 합니다.

3장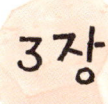
땅 속 깊은 곳에서 생기는 바위들

땅 속 수 킬로미터나 수십 킬로미터 되는 곳에는
바위가 녹아서 생긴 마그마가 있습니다.
이 마그마가 땅 속의 압력을 받아 지각의 갈라진 틈을 타고
땅 표면을 향해 올라오면 화산이 폭발합니다.
어떤 마그마는 깊은 곳에서 그대로 굳어져 화강암 같은 바위가 됩니다.
지질학자들은 땅 속 깊은 곳에서 생기는 바위를 통틀어 '심성암'이라고 부릅니다.
심성암은 근처에 있는 다른 바위를 뚫고 들어갑니다.
덜 깊은 곳에는 반심성암이 있습니다.

화산이 폭발할 때

화산이 터지면 여러 가지 물질이 함께 솟아납니다. 용암이 흘러나오고 화산탄, 화산괴, 화산자갈, 화산재, 화산가스가 솟아오릅니다. 붉은색을 띠는 화산은 용암이 많은 곳이며, 회색을 띠는 화산은 더 크게 폭발한 위험한 화산입니다.

마그마는 땅 위로 올라와 화산의 비탈면을 따라 흐르는데, 이를 **용암류**라고 합니다. 용암이 아주 뜨겁거나 잘 흐르면 수십 킬로미터까지 퍼져 나갑니다. 용암은 식으면서 공기 방울이 섞이고 조직이 다소 치밀한 화산암이 됩니다. 잘 흐르는 용암은 표면이 매끈합니다. 하지만 끈적거려서 잘 흐르지 않는 용암은 표면이 울퉁불퉁하거나 아주 복잡한 모양을 하고 있습니다.

화산탄은 화구에서 터져 나오는 용암 덩어리가 굳은 것입니다. 용암이 공중에서는 반죽 같은 상태로 날아가다가 땅에 떨어져 식으면서 굳습니다. 화산탄은 모양이나 크기에 따라 방추화산탄, 빵껍질화산탄, 쇠똥화산탄으로 구별합니다. **화산괴**는 마그마가 화도(마그마가 땅 위로 올라오는 길)에서 압력을 받아 깨져서 공중으로 솟아난 덩어리를 말합니다.

화산에서 솟아나는 **화산가스**도 역시 바위가 됩니다. 유황은 가스 형태로 뿜어져 나오다가 분기공(화산에서 가스가 나오는 구멍) 둘레에서 결정이 됩니다. 유황 분기공은 화산의 경사면에 있는데, 화산이 쉬는 동안 이곳에서 유황가스가 솟아납니다. 이러한 유황이 많이 결정되면 유황광석이 됩니다. 인도네시아의 카와이젠 화산에는 유황광석이 많습니다.

화산이 터지면서 크기가 제각각인 용암 방울들이 함께 흩뿌려질 때가 있습니다. 그 중에서 자갈만 한 것은 **화산자갈**이고, 아주 작은 알갱이는 **화산재**입니다. 화산재는 공중에 떠 있다가 땅에 떨어져 쌓입니다. 그 가운데에는 아주 두꺼운 지층을 만드는 것도 있습니다.

이탈리아 포졸리 지방의 화산재는 크기가 모두 제각각이고 빈틈이 많습니다. 이 화산재가 땅에 떨어지면서 원뿔 모양 화산이 여러 군데 생겨났습니다. 화산재는 건축 자재로 쓰이기도 합니다.

용암이 굳어서 된 화산암

용암이나 화산에서 터져 나온 물질들이 식어서 딱딱하게 굳으면 여러 종류의 바위가 됩니다. 이런 바위들을 '화산암'이라고 합니다. 지질학자들은 바위에 들어 있는 광물과 이산화규소의 양에 따라 화산암을 나눕니다. 이산화규소가 많이 들어 있을수록 색깔이 연해집니다.

현무암은 화산암 가운데 가장 흔한 바위입니다. 이 바위는 용암이 흘러가다가 식어서 만들어진 것입니다. 표면에는 공기 방울이 새어 나간 구멍이 자잘하게 많이 있습니다. 이산화규소가 화산암 중에서 가장 적어서 어두운 회색입니다.

페리도타이트는 맨틀의 아주 깊은 곳에서 생긴 바위입니다. 온도가 높은 그 곳에서는 마그마가 천천히 식어서 큰 광물이 생겨납니다. 그리고 이산화규소가 적고 마그네슘과 철 성분이 많이 들어 있어 색깔이 진하고 어둡습니다.

용암이 굳을 때 그 속에 들어 있던 공기 방울이 빠져 나가지 못하고 갇혀서 기포로 변한 화산암도 있습니다. 돌 속에 공기 방울이 아주 많아서 물에 뜨는 것도 있습니다. 이런 돌을 **부석**이라고 합니다.

안산암 역시 흔한 화산암이며 현무암보다는 이산화규소가 많이 들어 있습니다. '태평양을 둘러싼 활화산의 고리(환태평양 조산대)'에 있는 화산에서 안산암을 쉽게 볼 수 있습니다. 안산암은 연한 회색이며, 대개 공기 방울로 된 작은 기포가 많습니다.

포놀라이트를 망치로 때리면 소리가 납니다. 이 바위를 이루고 있는 광물의 성분과 결정 구조가 충격에 잘 울리기 때문에 '땅땅땅' 하는 소리가 나는 것입니다. 포놀라이트는 프랑스 오베르뉴 지방에서 나는 게 대단히 유명합니다.

유문암에는 이산화규소가 많이 들어 있어 밝은 색을 띱니다. 이 바위는 아주 끈적거리는 용암이 식어서 만들어집니다. 대개 큰 폭발을 일으키는 화산에서 나옵니다.

흑요암은 아주 빨리 식으면서 굳어진 화산암입니다. 새까맣고 유리처럼 광택이 납니다. 이 바위는 날카로운 모양으로 쉽게 쪼개집니다.

화산이 만드는 지형

화산은 폭발을 되풀이하면서 아주 독특한 지형을 만들어 냅니다. 화산이 만드는 지형에는 원뿔 모양의 산이나 이중 분화구, 폭발하는 화구, 무너져 내린 칼데라, 뾰족한 바위 봉우리, 화산암 주상절리 같은 것들이 있습니다.

이탈리아에 있는 **에트나 화산**은 세계에서 활동이 가장 왕성한 화산으로 손꼽힙니다. 이 화산은 몇 년 동안 계속해서 폭발한 적도 있습니다. 높이가 3340미터에, 바닥의 지름은 50킬로미터가 넘으며, 카탄 시와 시칠리아 섬이 내려다보입니다. 큰 분화구가 4개 있고, 화산의 비탈에 작은 분화구들이 250개 정도 있습니다.

산이 폭발한 다음 땅 속 깊은 곳의 마그마주머니에서 마그마가 다 빠져 나가면 빈 공간이 생길 수 있습니다. 이 때 화산이 폭발하거나 화구가 아래로 푹 꺼지면 화산 꼭대기에 큰 구멍이 생깁니다. 이 구멍을 **칼데라**라고 합니다. 칼데라에 물이 고여서 지금은 호수가 된 곳이 많습니다. 우리나라의 백두산 꼭대기에 있는 천지도 칼데라입니다.

용암이 아주 끈적거리면 흐르지 않고 그 자리에 계속 쌓이기만 합니다. 용암이 화도에 수직으로 쌓여, 화구가 없는 반구형 봉우리가 되기도 합니다. 프랑스의 퓌드돔 화산이 그런 경우입니다. 약 1만 1000년 전에 생긴 퓌드돔 화산은 높이가 1465미터나 됩니다. 1980년에 폭발한 미국 세인트헬렌 화산의 꼭대기도 그런 반구형 봉우리를 이루고 있습니다.

또 퓌드돔 화산에는 봉우리에 이중 분화구가 있는데, 각 분화구는 제각기 다른 시기에 일어난 폭발로 생겨났습니다. 큰 분화구가 먼저 생겼으며, 안에 있는 작은 분화구는 지금부터 7000~8000년 전에 일어난 두 번째 폭발로 생겨났습니다.

마르는 용암이 지면으로 올라오다가 넓은 지하수면이나 수로를 만나면 생기는 화구호입니다. 프랑스의 퓌 능선 남쪽에 있는 파뱅 호수가 마르의 특징을 잘 보여주는 곳입니다.

원뿔 모양이었던 화산 꼭대기가 침식되어 없어지면서 **화도**만 남아 있는 곳도 있습니다. 화도를 통해 뜨거운 마그마가 올라올 때 그 주위의 바위는 금이 가고 먼저 부서진 것입니다. 프랑스의 오베르뉴 지방에 생미셸 성당이 있는 자리가 그런 곳입니다.

땅 속 깊은 곳에서는 마그마가 주변에 있는 바위를 뚫고 들어가기도 합니다. 이렇게 뚫고 들어간 바위를 **암맥**이라고 합니다. 이때 주위의 지층은 침식되어 사라지고 뚫고 들어간 바위만 남기도 합니다. 프랑스 오베르뉴 지방에 있는 '원한의 이빨'이라는 뜻의 이 바위는 높이가 100미터나 되는 아주 멋진 암맥입니다.

주상절리는 화산암 지형 중에서 가장 독특한 모양을 하고 있습니다. 대개 긴 오각형이나 육각형 바위 기둥이 가지런히 늘어서 있습니다. 용암이 빨리 식으면 오각 또는 육각 모양의 기둥처럼 쪼개집니다. 주상절리는 이 때 기둥 모양으로 쪼개진 것입니다. 우리나라의 제주도에 가면 바닷가에 아름다운 주상절리 절벽이 있습니다. 해마다 수많은 관광객이 찾아드는 정방폭포와 천지연폭포가 이런 주상절리 절벽에서 만들어진 지형입니다.

카파도키아 바위 유적

터키 중부 지역에 있는 카파도키아 바위산에는 버섯이나 촛불 모양의 바위들이 무수히 펼쳐져 있습니다. 300만 년 전쯤 이곳에서 거대한 화산 폭발이 일어났습니다. 용암이 흘러나와 땅을 뒤덮은 다음, 그 위에 화산재가 아주 많이 쌓였습니다. 그 후 오랜 세월이 흐르며 비바람에 깎이고 지하수나 빗물에 녹아 독특한 바위들이 생겨났습니다. 이 곳에는 로마의 박해를 피해 숨어든 기독교인들이 굴을 파고 많이 살았답니다.

아주 단단한 화강암

화강암은 매우 흔히 볼 수 있는 바위입니다. 아주 단단하지만 원하는 모양 대로 다듬을 수 있기 때문에 오래 전부터 건축이나 조각의 재료로 쓰였습니다.

화강암은 표면이 거칩니다. 그리고 알갱이가 커서 맨눈으로도 관찰할 수 있습니다. 이렇게 알갱이가 굵은 바위를 '조립질 바위'라고 합니다. 확대경으로 보면 석영, 운모, 장석을 가려 낼 수도 있습니다. 이렇게 하면 중요한 광물 세 가지를 다 관찰하는 셈입니다.

석영 알갱이는 옅은 회색을 띱니다. 반투명하며 조금 반짝거립니다.

운모 알갱이는 희거나 검습니다. 비늘처럼 반짝이며 얇게 쪼개진 조각입니다.

장석 알갱이는 대개 하얗습니다. 그러나 간혹 붉은색을 띠기도 합니다.

가지각색의 화강암들

화강암은 대부분 회색에 파란 빛이 감돕니다. 하지만 색깔이 다른 화강암도 있습니다. 영국 아르모르 해안에 있는 플루마낙 화강암은 붉은색입니다. 이 화강암은 기념물을 만드는 데 많이 쓰입니다.

우리나라는 전라북도 황등화강암처럼 전국에 질 좋고 아름다운 화강암이 많습니다. 화강암이 많은 곳에서는 산림이 우거지고 농사가 잘 됩니다. 그렇기 때문에 이런 지역에 옛날부터 서울, 경주, 대전 같은 큰 도시가 발달했습니다.

화강암과 같은 심성암이지만 **섬록암**, **섬장암**, **반려암**은 화강암만큼 흔하지 않습니다. 게다가 바위를 구성하는 광물도 다릅니다. 이런 바위들에는 화강암에 많은 석영이 아주 조금 있거나 없습니다.

다 목욕탕을 짓는 데 쓸 거야!

화강암이 건축에 많이 쓰이는 이유는 무엇일까요?

첫째, 보기에 좋기 때문입니다. 화강암은 대부분 허옇지만 광물에 따라 붉은색이나 흰 바탕에 검은 점들이 흩어져 있어 아주 아름답습니다. 둘째, 석공이 원하는 모양으로 조각할 수 있기 때문입니다. 화강암은 일정한 결이 없어 쉽게 쪼개지지 않기 때문에 모든 방향으로 쪼아 낼 수 있습니다.

화강암으로 된 지형

프랑스의 브르타뉴, 중부 고원지대, 보즈 산맥, 코르시카 섬에 가면 화강암으로 된 지형을 볼 수 있습니다. 알프스 산맥과 피레네 산맥의 산봉우리에서도 화강암을 볼 수 있습니다. 우리나라 설악산과 북한산의 인수봉도 거대한 화강암으로 이루어져 있습니다.

전문 등산가라야 올라갈 수 있을 정도로 무시무시한 절벽의 뾰족한 꼭대기는 화강암으로 되어 있습니다. 샤모니 지방의 바늘처럼 뾰족한 봉우리들과 몽블랑 산의 봉우리도 화강암으로 되어 있습니다.

나지막한 산이 많은 지방에서 화강암은 둥그스름한 골짜기를 이루며, 그 곳에는 보통 나무가 자라고 있습니다. 화강암은 결에 따라 부서지는 다른 바위와는 달리, 모서리부터 먼저 깎여나가기 때문에 시간이 지날수록 둥글어집니다. 그리고 바스러진 조각은 진흙이 됩니다. 그래서 화강암이 침식된 지역에서는 풀과 나무가 잘 자랍니다.

화강암 바위들은 보통 둥그스름하거나 뾰족한 모양을 하고 있습니다. 전체로는 매우 들쑥날쑥합니다. 이런 지형이 만들어지기 위해서는 오랜 세월이 걸립니다. 먼저 화강암을 덮고 있던 다른 바위가 모두 깎여나가고 화강암이 드러납니다. 그리고 화강암 위로 물이 흘러 바닥을 갈라지게 합니다. 물이 넓게 흐르면 둥글게 깎이고 얼음에는 뾰족하게 깎입니다. 그 후 침식이 더 진행되면서 갈라진 틈들이 정리되고, 바위 덩어리는 점점 둥글어져서 울퉁불퉁한 모습으로 쌓입니다.

프랑스의 브르타뉴 주 북부의 플루마낙에는 붉은 화강암이 쌓여 있는 긴 해안가가 있습니다. 몇 킬로미터에 걸쳐 바위들이 널려 있는 멋진 모습을 볼 수 있습니다.

화강암의 기원

화강암은 이산화규소가 많이 들어 있는 마그마가 아주 깊은 땅 속에서 천천히 식으면서 생깁니다. 산맥이 생기려고 땅이 솟아오를 때 땅 속의 마그마도 같이 올라갑니다. 시간이 흐르면서 마그마는 온도가 낮아져서 식기 시작합니다. 오늘날 볼 수 있는 화강암 고지는 땅이 천천히 솟아나면서, 그 위에 있었던 다른 바위들이 조금씩 깎여 나가 없어진 곳입니다. 이러한 고지가 생기려면 모두 수천만 년에서 1~2억 년이 걸립니다. 불암산, 도봉산, 설악산도 화강암인데 원래 그 위를 덮고 있던 다른 바위들이 깎여나간 것입니다. 화강암은 대륙의 깊은 곳을 이루는 주된 바위입니다. 경북 포항에서는 땅을 3킬로미터 정도 뚫으면 화강암이 나옵니다.

열과 압력으로 변한 변성암

생긴 지 얼마 되지 않았거나, 아니면 아주 오래된 산맥에서는 얇게 쪼개지거나 띠가 있는 바위들을 자주 볼 수 있습니다. 이 가운데 많은 바위들이 쉽게 부서지거나 쪼개집니다. 그런 바위는 길을 포장하거나 지붕을 잇는 데 쓰입니다.

바위의 변화

히말라야 산맥이나 알프스 산맥처럼, 높은 산맥이 만들어지는 땅 속 깊은 곳에서는 지판(지구를 덮고 있는 20개 정도 되는 거대한 바위판)들이 서로 부딪힙니다. 그 때 밑으로 파고드는 지판의 바위들은 압력과 온도가 매우 높은 곳에 묻힙니다. 그러면 원래 광물은 조직을 바꾸어 새로운 광물로 변합니다. 그러면 완전히 딴 바위가 됩니다. 이렇게 생겨난 돌을 변성암이라고 합니다.

점토가 땅 속에서 높은 열을 받아 구워지면 **점판암**으로 변합니다. 점판암은 얇은 조각으로 쪼개지는 성질이 있습니다. 이렇게 광물의 결정면에 따라 쪼개지는 성질을 **쪼개짐**(벽개)이라고 합니다. 얇게 쪼개진 점판암은 지붕을 덮는 재료로 쓰입니다. 우리나라에서는 조선 시대 후기에 목재가 부족해 나무를 함부로 베지 못하게 하자 점판암을 얇게 쪼개서 지붕을 이었답니다.

편암은 변성암으로, 점판암보다 조금 더 두껍게 쪼개집니다. 또한 편암은 더 단단하며 운모가 들어 있어 반짝거립니다. 알프스 산맥이나 중부 고원지대에서는 지붕을 잇는 데 씁니다.

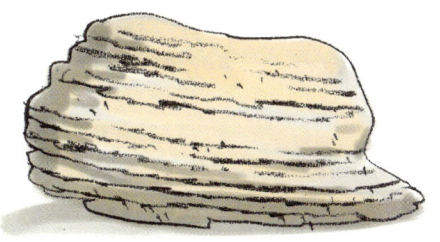

편마암은 흰 줄과 검은 줄이 번갈아 있는 독특한 바위입니다. 흰 줄은 석영이 많은 부분이고 검은 줄은 장석이 많은 부분입니다.

대리석은 석회암이 완전히 변해 새롭게 결정된 변성암입니다. 이탈리아 카라라의 흰 대리석은 세계에서 가장 질이 좋습니다. 미켈란젤로가 다비드상을 조각할 때 쓴 대리석이 바로 카라라에서 캐낸 것입니다. 다비드상은 이탈리아 피렌체의 아카데미아 미술관에 가면 볼 수 있습니다.

사암이 열과 압력을 받아 변성작용을 일으키면 **규암**이라는 아주 단단한 바위가 됩니다. 규암은 길바닥을 까는 데 주로 쓰입니다.

바위의 거대한 순환

땅 위에서도 땅 속에서도 바위는 끊임없이 만들어지고 없어집니다. 땅 위에서는 바람에 쓸리고 빗물에 깎입니다. 땅 속 깊은 곳에서는 열과 압력을 받아 다른 바위로 변합니다. 그리고 지판의 움직임에 따라 바위가 이동하기도 합니다. 가끔은 지판들이 가까워지면서 서로 부딪치기도 합니다.

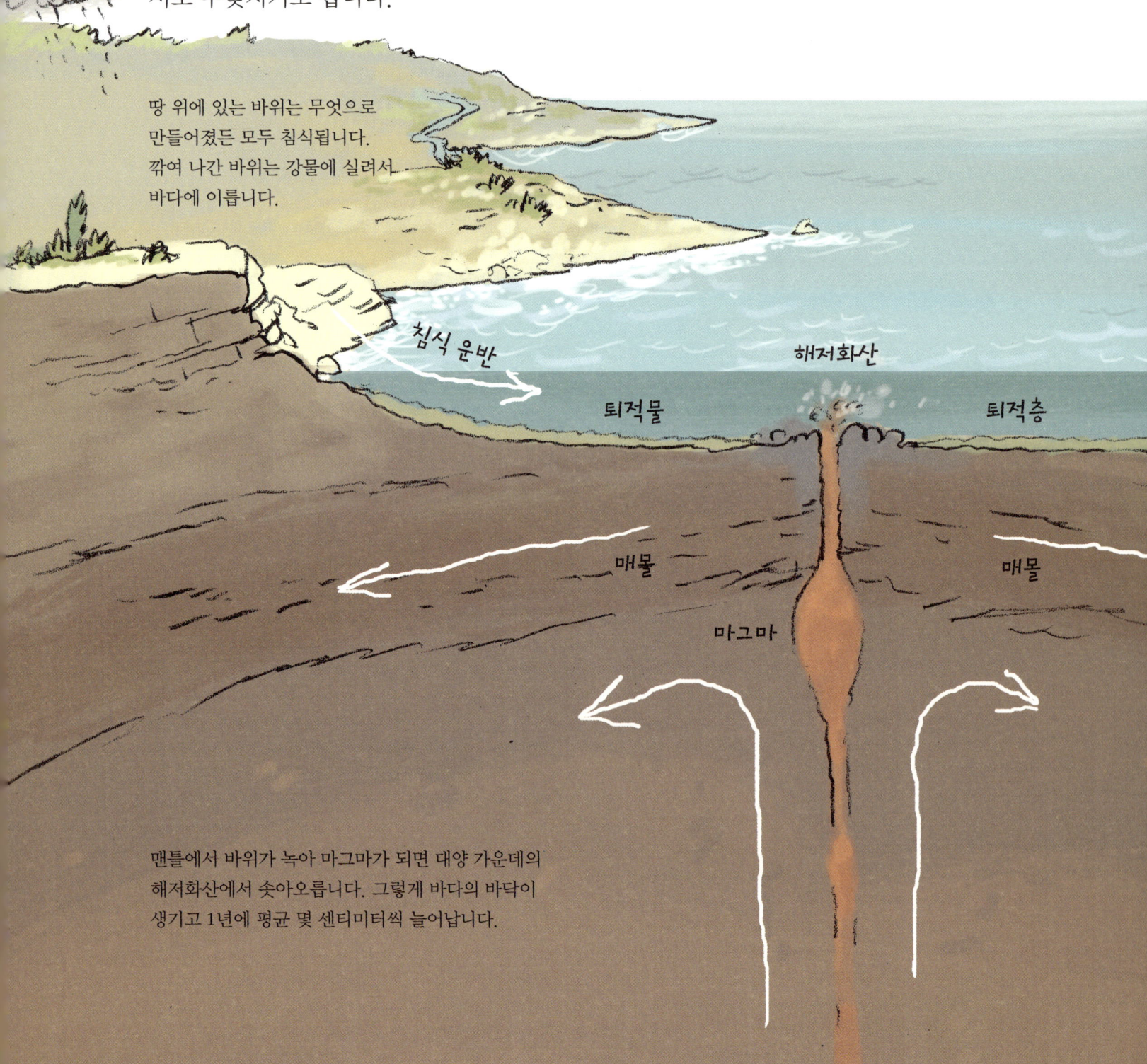

땅 위에 있는 바위는 무엇으로 만들어졌든 모두 침식됩니다. 깎여 나간 바위는 강물에 실려서 바다에 이릅니다.

맨틀에서 바위가 녹아 마그마가 되면 대양 가운데의 해저화산에서 솟아오릅니다. 그렇게 바다의 바닥이 생기고 1년에 평균 몇 센티미터씩 늘어납니다.

대륙이 침식되면서 생긴 퇴적물은 바다에 쌓이고 굳어서 퇴적암이 됩니다. 바다 밑바닥이 솟아올라 육지가 되면 퇴적암은 땅 위로 모습을 드러냅니다. 그리고 다시 침식되기 시작해서 원래 태어났던 바다로 돌아갑니다.

마그마가 땅 속 깊은 곳에서 식으면 화강암이나 반려암 같은 심성암이 됩니다. 그러나 화산 폭발 때문에 땅 위로 솟아올라 용암이 되어 흘러가다가 식으면 화산암이 됩니다.

변성암은 산이 만들어지는 지역의 지하 깊은 곳처럼 특수한 지역에서 열과 압력을 크게 받았을 때 생깁니다.

쓸모가 많은 바위

오래 전부터 우리는 건축과 산업에 필요한 자재와 원료를 얻으려고 바위를 이용했습니다. 바위를 있는 그대로 쓸 수도 있습니다. 하지만 필요에 따라 자르고, 깨뜨리고, 굽고, 그 속에 들어 있는 금속을 캐내기도 합니다.

인간이 돌을 사용해 최초의 도구를 만든 시기는 구석기시대입니다. 그 때는 지금으로부터 200만 년도 더 전입니다. 그 도구가 아프리카의 탄자니아에서 발견되었는데, 자갈을 일부러 깨뜨려서 만든 것입니다. 이것이 인간 최초의 산업이었습니다. 주먹도끼는 100만 년 전에 처음 나왔으며, 시간이 흐르면서 기술이 점점 발달했습니다. 선사시대에는 부싯돌을 만드는 데 쓰는 수석이나 흑요암 같은 돌을 깨뜨려서 도구를 만들어 썼습니다.

바위는 노천이나 지하에 있는 채석장에서 캡니다. 단단한 바위는 쉬지 않고 돌아가는 금속 줄톱으로 잘라 낸 뒤 다시 큰 톱으로 자릅니다. 어떤 사암 채석장에서는 일꾼들이 물을 아주 가늘고 세게 뿜어서 바위를 자릅니다.

무른 바위를 다루는 채석장에서는 전기톱으로 바위를 잘라 냅니다. 지하 채석장에서는 기둥이 될 부분을 남기고 돌을 캐내야 합니다. 그러지 않으면 통로의 천장이 무너질 수도 있습니다.

사암이나 대리석, 화강암 같은 단단한 돌을 매끈하게 갈아 놓으면 집을 짓는 데 좋은 재료가 됩니다. 이런 돌은 바닥을 깔거나 부엌과 욕실을 꾸미는 데, 건물의 외벽을 장식하는 데 좋습니다.

석공은 건물을 짓거나 장식하는 데 쓸 돌을 솜씨 좋게 다듬습니다. 그 사람들은 오래된 성이나 크고 작은 성당처럼 역사가 간직된 건물들을 원래 모습대로 고치는 일도 합니다.

콘크리트를 만드는 데 쓰이는 돌조각, 모래, 자갈을 통틀어 **'골재'**라고 합니다. 골재는 자갈 채집장에서 모으거나 화약으로 깨뜨린 돌조각을 분쇄기로 더 작게 깨뜨려서 만듭니다.
우리나라의 1인당 연간 골재 소비량은 8.5톤이나 된다고 합니다(2001년 기준). 그리고 병원 건물을 하나 지을 만큼의 콘크리트를 만들려면 골재가 3~4만 톤이나 있어야 합니다.

사람이 만든 바위

콘크리트를 만들려면 모래, 자갈, 시멘트를 물과 섞어야 합니다. 이 혼합물은 몇 시간이 지나면 굳기 시작합니다. 이것을 보고 콘크리트가 '응고'한다고 합니다.
몇 주가 지나면 혼합물이 아주 단단해집니다. 만약 철근을 뼈대로 넣었다면 굉장히 강해집니다.

페인트, 석고, 고무 제품을 만드는 데에도 돌가루가 많이 들어갑니다. 활석 가루는 몸의 염증을 가라앉히는 데 쓰이기도 합니다.

바위 속에는 금속도 있습니다

금속을 얻으려고 바위를 캐낼 때도 많습니다. 이렇게 금속이 들어 있는 바위를 '광석'이라고 합니다. 철이 들어 있으면 철광석, 금이 들어 있으면 금광석입니다. 이런 광석에서 금속을 뽑아 내는 것을 '제련'이라고 합니다. 뜨거운 용광로에 광석을 넣으면 돌 속에 있는 금속이 녹아서 빠져 나옵니다. 그러나 금속을 웬만큼 얻으려면 아주 많은 광석이 필요합니다.

바위를 구워 보세요!

바위를 구우면 어떤 물질이 나올까요?

- 석회암을 구우면 → 생석회
- 석회암 80퍼센트와 점토 20퍼센트를 섞어서 구우면 → 시멘트
- 석고를 구우면 → 소석고
- 이산화규소가 섞인 모래를 녹이면 → 유리
- 점토를 구우면 → 벽돌, 기와, 그릇 등

지질학 퀴즈

이제는 바위에 대해 잘 알게 되었을 거예요. 아래에 있는 퀴즈를 풀어 보세요!

1 지구에서 바위로 되어 있는 단단한 부분을 무엇이라고 할까요?

2 바위를 이루고 있는 물질들을 뭐라고 할까요?

3 수정은 어떤 모양을 하고 있나요?

4 다이아몬드는 어떤 물질로 되어 있나요?

5 화석을 연구하는 학문은 무엇일까요?

6 모래를 이루는 중요한 광물은 무엇일까요?

7 석영이 많은 모래를 녹이면 무엇을 만들 수 있을까요?

8 물이 너무 많이 들어 있어서 사람이 디디고 설 수 없는 모래를 뭐라고 할까요?

9 사하라 지역처럼 모래로 된 드넓은 땅을 뭐라고 할까요?

10 점토에 물을 흠뻑 적시면 어떻게 될까요?

11 점토를 구워서 무엇을 만들까요?

12 석회암에 산이나 식초를 떨어뜨리면 어떻게 될까요?

13 석회암을 녹여 땅 속에서 동굴을 만드는 것은 무엇일까요?

14 석회암 80퍼센트와 점토 20퍼센트를 섞어서 구우면 무엇이 될까요?

15 3억 년 전 석탄층이 가장 많이 쌓였던 시기를 가리키는 말은 무엇일까요?

16 땅 속에서 석유를 담고 있는 바위를 뭐라고 부를까요?

17 화산이 폭발하면 어떤 것들이 나올까요?

18 우리나라에도 화산이 있을까요?

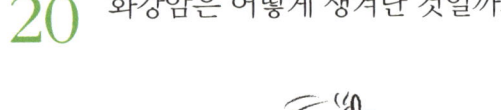

19 화강암을 이루는 중요한 광물 세 가지는 무엇일까요?

20 화강암은 어떻게 생겨난 것일까요?

21 높은 열과 압력을 받아 원래와는 다르게 변한 바위를 무엇이라고 할까요?

22 금속이 들어 있는 바위를 무엇이라고 할까요?

23 콘크리트를 만드는 데 쓰는 모래와 자갈을 무엇이라고 할까요?

24 돌로 만든 최초의 도구는 어디에서 발견되었으며, 만든 지 몇 년이나 되었을까요?

정답

1. 보기 중요 않은것
2. 공룡
3. 튼튼한 뒷다리 기둥
4. 타조
5. 고생물학
6. 사냥
7. 육기
8. 움직이는 근육(육상)
9. 사냥
10. 몸통길이로 적게 세워서 움직이는 공룡들 만들 수 있습니다.
11. 배를, 기어, 그중 딱히
12. 거북이 납니다.
13. 룡
14. 시멘트
15. 상대기
16. 지름약
17. 용각, 헤시리모, 헤시사강, 헤시녹제
18. 베스러진 것이 있습니다. 그러나 해양니다.
19. 서양, 공식, 북육
20. 빛 속 깊은 곳에 있는 마그마가 사서
21. 맨트암
22. 광석
23. 문제
24. 탄자니아에서 평견되었으며, 약 200만 년 전에 만든 것입니다.

77

| 옮긴이의 말 |

지질학이란 무엇일까요?

어린이 여러분!

우리가 살고 있는 지구는 무엇으로 만들어졌을까요? 바로 바위입니다. 바위는 어디서나 흔히 볼 수 있는 물체입니다. 그런데 지금도 과학자들은 아주 열심히 바위를 연구하고 있습니다. 바위가 도대체 무엇이기에 과학자들이 연구를 하는 것일까요? 그것은 바위를 통해 지구의 모습과 역사를 알 수 있기 때문이랍니다.

『초등학생이 읽는 지질학의 첫걸음』은 지구의 역사를 공부하는 학문, 곧 지질학을 쉽게 소개한 책입니다. 지질학자들은 바위를 떼어다가 연구하고, 그 속에서 화석을 찾아 냅니다. 그리고 화석의 주인공이 살던 시대의 환경을 연구합니다. 좀 더 자세히 말하면 지질학자들은 모래와 자갈, 바위가 어떻게 만들어지고 그 속에 무엇이 있는지를 밝혀 냅니다. 예를 들어, 모래가 원래는 산 속에 있던 큰 바위였는데 오랜 세월이 흐르는 동안 부서지고 물에 깎이면서 조그맣고 반짝거리는 알갱이가 되었다는 것처럼 말입니다.

그러면 바위는 무엇으로 만들어졌을까요? 바로 광물입니다. 화강암은 석영, 장석, 운모라는 광물로 이루어졌습니다. 사암은 모래로 되어 있고, 석회암은 방해석으로 되어 있습니다. 광물이란 자연에서 나오는 고체로, 그 속에 있는 원자들은 일정하게 배열되어 있습니다. 그 결과 광물의 표면은 아주 매끈한 평면(결정면)으로 둘러싸여 있고, 광물 중에서 그런 평면이 아주 잘 나온 것을 따로 일러 결정이라고 합니다. 예를 들어 수정은 결정면이 아주 잘 나온 석영의 결정입니다. 자수정이나 연수정, 장미석영은 석영 속에 아름다운 빛을 내는 성분이 들어 있기 때문에 귀한 보석이 됩니다. 광물이 모여 결정이 되려면 근처에 있는 다른 광물들한테 방해를 받지 않아야 합니다. 화강암 속에 있는 석영은 화강암을 만드는 다른 광물들보다 늦게 생기면서 방해를 받았습니다. 그래서 수정 같은 아름다운 모양이 나오지 않는 것입니다.

만들어지는 과정에 따라 바위는 크게 화성암, 퇴적암, 변성암으로 나눕니다. 땅 속 깊은 곳은 아주 뜨겁기 때문에 그곳에 있던 바위는 녹아서 마그마라는 물질이 됩니다. 화성암은 그 마그마가 식어서 만들어진 것입니다. 마그마가 땅 속 깊은 곳에서 천천히 식어서 만들어진 바위를 심성암이라고 합니다. 그리고 화산이 터질 때 땅

위로 올라와 빨리 식어서 만들어진 바위는 화산암이라고 합니다. 화산암 중 현무암은 겉에 구멍이 숭숭 뚫려 있습니다. 그 구멍은 마그마가 급히 식는 동안 속에 들어 있던 수증기 따위의 기체가 빠져 나간 자리입니다. 이렇게 마그마가 식어서 된 심성암과 화산암을 통틀어 화성암이라고 합니다. 화성암은 마그마가 어느 정도 깊이에서, 어느 정도 속도로 식었는지에 따라 광물의 종류와 표면의 색깔이 달라집니다. 간단히 말해, 천천히 식을수록 광물의 크기가 크며 색깔이 하얗고 이산화규소가 많습니다. 빨리 식으면 그 반대입니다. 그래서 땅 속 깊은 곳에서 천천히 식어서 만들어진 화강암은 하얗고 땅 위에서 급하게 식은 현무암은 까맣습니다.

바위 틈새로 스며든 물은 겨울이 되면 얼어서 부피가 늘어납니다. 그러면 틈이 벌어져서 바위가 깨집니다. 또 바위는 아주 단단한 것 같지만, 빗물에 천천히 녹고 깎이고 닳습니다. 이런 과정을 풍화와 침식이라고 합니다. 풍화와 침식을 겪으면서 큰 바위는 작은 바위가 되고 작은 바위는 돌덩이가 됩니다. 자갈이나 모래, 진흙도 그렇게 해서 생긴 것들입니다.

이렇게 깎인 바위 조각들이 물에 흘러내려와 모이고 나중에 굳으면 단단한 바위가 됩니다. 이것을 퇴적암이라고 합니다. 모래가 모여서 단단하게 굳으면 사암이 됩니다. 한편 방해석이라는 광물이 모여서 굳으면 석회암이 됩니다. 석회암은 빗물에 잘 녹습니다. 그 녹은 자리가 점점 커지면 동굴이 됩니다. 강원도에 많이 있는 석회 동굴은 바로 그렇게 생겨난 것입니다. 또 석회암이 많은 곳에서는 석회암이 물에 녹아 카르스트라는 특별한 지형이 생기기도 합니다. 석탄은 아주 옛날 늪에서 살았던 나무들이 두껍게 쌓여 생긴 것이고, 석유는 바다 생물들이 바다 밑에 쌓여 생긴 것입니다. 또 바닷물에 녹아 있는 소금이 모이면 암염이 됩니다. 모래나 진흙 같은 여러 가지 성분들이 쌓여서 퇴적암이 되는데, 화석은 대부분 이 퇴적암 속에서 나옵니다.

바위도 변합니다. 땅 표면 가까운 곳에서 만들어진 퇴적암이 지판의 이동에 따라 땅 속 깊은 곳으로 밀려 들어갈 때가 있습니다. 바위가 그런 곳에서 오랜 시간 열과 압력을 받으면 광물이나 화학 성분, 조직이 변해서 전혀 다른 바위가 됩니다. 그런 바위를 변성암이라고 합니다. 예를 들어 사암은 변해서 규암이 되고 석회암은 변해서 대리석이 됩니다. 규암이나 대리석은 변하기 전보다 훨씬 단단해집니다.

화석을 보면 그 화석의 주인공이 살았던 시대

를 알 수 있습니다. 예를 들어 조개 껍데기 화석이 나오면 그곳은 예전에 바다였다는 뜻입니다. 또 조개 껍데기 화석이 있는 바위의 나이가 100만 살이란 것도 알아 냅니다. 그렇다면 지금부터 100만 년 전에 이 곳은 바다였다는 것을 알 수 있습니다. 이처럼 화석을 연구하면서 지구의 역사를 밝혀 냅니다.

지질학을 공부하면 땅 속에 숨겨진 금, 석유 같은 지하자원을 찾을 수 있습니다. 게다가 땅 속 어디에 물이 있는지도 알 수 있습니다. 또 지질학은 여러 가지 토목 공사를 하는 데에도 꼭 필요한 공부입니다. 다리를 놓거나 터널을 뚫고, 도로를 닦거나 비탈을 깎으려면 땅을 아주 잘 알아야 하기 때문입니다. 지질학을 모르고 그런 일을 하면 당장은 괜찮아 보여도 나중에는 길이 휘거나 가라앉고 비탈이 무너집니다.

지질학은 이제 바위와 그 속에 있는 것들을 연구하고 밝히는 단계를 지나, 지구의 내부를 연구하면서 커다란 신비를 풀어 가는 수준에 이르렀습니다. 지질학은 태평양이나 대서양 같은 대양의 바닥이 늘어난다는 것을 밝혀 냈습니다. 나아가 지구 표면이 지판이라고 하는 스무 개 정도의 거대한 판으로 덮여 있고, 이 판들이 움직여 산맥이 높아지고 대륙이 이동하며 화산과 지진이 일어난다는 것을 알아 낼 정도로 발전했습니다. 예를 들어 히말라야 산맥은 저절로 생겨난 것이 아니라 유라시아 대륙과 인도가 부딪히기 때문에 그렇게 높은 산맥이 만들어진 것입니다. 또 태평양의 둘레를 따라 지진과 화산활동이 많은 것은 태평양을 만든 지판들이 그 둘레의 지판 아래로 밀고 들어가기 때문이라고 합니다.

나아가 지질학의 수준은 지진이 일어날 때 생긴 파동을 컴퓨터로 측정해 지구 내부 구조를 아주 정밀하게 알 수 있을 정도가 되었습니다. 또한 달이나 화성의 바위와 지형도 연구하고 있습니다. 이러한 분야를 연구하는 지질학을 행성 지질학이라고 합니다. 또 이제는 지질을 측정하는 기계가 대단히 발달했습니다. 그 기계를 이용해 깊은 바다 밑바닥 속에서 일어나는 작은 지진을 측정할 수 있습니다. 그런 작은 지진은 마그마가 그 둘레의 약한 곳을 뚫고 들어갈 때 일어난다는 새로운 사실도 알게 되었습니다. 이렇게 지질학의 장래는 아주 넓고 대단히 밝습니다. 어린이 여러분도 지질학의 세계에 한번 빠져 보세요.

2006년 8월 장순근

찾아보기

ㄱ
가리비 화석 21
가소성 34
검은 모래 25
결정 13, 14, 16, 17, 47, 57, 67
결정면 13, 14, 16, 66, 79
고생물학 18
골재 72
공극 26
광물 7, 11~13, 15, 17, 23, 40, 56, 57, 62, 63, 66, 79, 80
광물염 13
광석 73
규암 67, 80
규화목 20
금 17, 27, 81
금광석 73
기권 9

ㄴ
내핵 9
녹주석 16

ㄷ
다이아몬드 17, 27
단백석(오팔) 15
대리석 10, 40, 67, 71
돌리네 43
동굴 42

ㅁ
마그네슘 56
마그마 53, 54, 56, 60, 65, 68, 69, 79~81
마그마주머니(마그마굄) 58
마르 60
맨틀 8, 56, 68
모래 10, 23~33, 72, 73, 79, 80
모래장미 47
모래층 26, 29
모암 50
미고생물 21

ㅂ
반려암 63, 69
반심성암 53
방추충 화석 45
방추화산탄 54
방해석 40, 80
백악 10, 40
백악 절벽 39
백악기 20
백악층 20
변성암 66, 67, 69, 79, 80
부석 56
분기공 55
분출구 16, 59
불투수성 35
불투수층 50
빵껍질화산탄 54

ㅅ
사금 17
사암 28, 32, 33, 67, 70, 71, 79, 80
사암층 32
사이펀 43
산협 39
산호 45
산화물 15, 33

삼각주 29
생석회 41, 73
석고 46, 4,7 72, 73
석고층 46
석류석 16
석순 42 43
석영 12, 15, 17, 24, 25, 27, 28, 62, 63, 67, 79
석유 10, 49, 81
석주 43
석탄 10, 48, 49, 51
석탄기 48
석탄층 48
석회 34
석회동굴 43, 80
석회분 13
석회암 10, 12, 40~45, 73, 80
석회암층 21, 44, 45
석회질 19, 23, 38, 44, 45
섬록암 63
섬장암 63
성게 화석 20
소금 17
소석고 46, 73
쇠똥화산탄 54
수권 9
수정 14, 15
수직 동굴 42
수평 동굴(회랑) 41, 42
시멘트 41, 73
심성암 53, 69, 80
쌍정 16

ㅇ
안산암 57
암맥 60

암석권 8
암염 80
암염층 46
에메랄드 16
역암 32
연수정 79
외핵 9
용암 10, 12, 19, 54, 55, 56, 59, 61, 69
용암류 54
운모 25, 28, 62, 67, 79
원유 50, 51
유문암 57
유사 30
유황 55
유황 결정 16
유황 증기 16
유황 가스 55
유황광석 55
이산화규소 12, 15, 20, 51, 56, 57, 65, 73, 80
이암층 43
이중 분화구 58, 59
이회질 36
이회토 34

ㅈ
자갈 23, 28, 32, 70, 72, 79, 80
자수정 15, 79
장미석영 79
장석 25, 28, 62, 67, 79
저류암 50
점토 34~37, 66, 73
점토층 35, 36
점판암 66, 67
조립질 바위 62
종유석 42, 43
주상절리 58, 61
지각 8, 53
지구의 역사 7, 48, 81
지진 81
지질학 7, 14, 81

지질학자 7~11, 53, 56, 79
지판 66, 68, 81
지하 강 42
지하수 43
지하자원 81
진흙 10, 23, 28, 29, 32, 34~36, 40, 41, 44, 64, 80
진흙층 50
쪼개짐(벽개) 66

ㅊ
찰흙 34
창끝석고 47
천연가스 49
철 56
철광석 73
침식 37, 60, 65, 68, 69, 80

ㅋ
카르스트 42, 80
칼데라 58
콘크리트 32, 37, 72

ㅌ
탄산칼슘 32
탄소 17, 48
퇴적물 23, 68, 69, 79, 80
퇴적층 36
투수성 바위 26

ㅍ
페리도타이트 56
편마암 67
편암 67
폐석 49
포놀라이트 57
풍화 80

ㅎ
해저화산 68
핵 8, 9
현무암 56, 57, 80
협곡 38
호박 20
화강암 10, 12, 13, 19, 24, 28, 40, 53, 62~65, 69, 71, 79, 80
화구 58
화구호 60
화도 54, 59, 60
화산 10, 14, 16, 53~60, 81
화산가스 54, 55
화산괴 54
화산암 25, 54, 56, 57, 61, 69, 80
화산자갈 54, 55
화산재 54, 55, 61
화산탄 54
화산활동 81
화석 7, 11, 18, 19, 21, 48, 79, 80, 81
화성암 79, 80
환태평양 조산대 57
활석 10, 72
활화산 10
황철석 14, 16
휘장 42
흑요암 57, 70

초등학생이 읽는 지질학의 첫걸음

2006년 8월 29일 1판 1쇄
2021년 5월 15일 1판 11쇄

글쓴이 : 프랑소와 미셸
그린이 : 로뱅
옮긴이 : 장순근

편집 : 최일주, 강변구
디자인 : 권소연
제작 : 박흥기
교정 : 한지연
마케팅 : 이병규, 이민정, 최다은
홍보 : 조민희, 강효원

출력 : 한국커뮤니케이션
인쇄 : 코리아피앤피
제책 : J&D바인텍

펴낸이 : 강맑실
펴낸곳 : (주)사계절출판사
등록 : 제 406-2003-034호
주소 : (우)10881 경기도 파주시 회동길 252
전화 : 031)955-8588, 8558
전송 : 마케팅부 031)955-8595 | 편집부 031)955-8596
홈페이지 : www.sakyejul.net | 전자우편 : skj@sakyejul.com | 블로그 : skjmail.blog.me
인스타그램 : instagram.com/sakyejulkid | 페이스북 : facebook.com/sakyejulkid

값은 뒤표지에 적혀 있습니다. 잘못 만든 책은 구입하신 서점에서 바꾸어 드립니다.
사계절출판사는 성장의 의미를 생각합니다. 사계절출판사는 독자 여러분의 의견에 늘 귀 기울이고 있습니다.
이 책은 저작권법에 따라 보호받는 저작물이므로 무단전재와 무단복제를 금합니다.

ISBN 978-89-5828-179-5 73450